Motivation am Arbeitsplatz. Motivationsarten, deren Förderung und das Machtmotiv bei Führungskräften

Bibliografische Information der Deutschen Nationalbibliothek:

Die Deutsche Nationalbibliothek verzeichnet diese Publikation in der Deutschen Nationalbibliografie; detaillierte bibliografische Daten sind im Internet über http://dnb.d-nb.de abrufbar.

ISBN: 9783346422682
Dieses Buch ist auch als E-Book erhältlich.

Druck und Bindung: Books on Demand GmbH, Norderstedt Germany
Gedruckt auf säurefreiem Papier aus verantwortungsvollen Quellen

Das vorliegende Werk wurde sorgfältig erarbeitet. Dennoch übernehmen Autoren und Verlag für die Richtigkeit von Angaben, Hinweisen, Links und Ratschlägen sowie eventuelle Druckfehler keine Haftung.

Das Buch bei GRIN: https://www.grin.com/document/1023925

Einsendeaufgabe Allgemeine Psychologie

Bearbeitung Alternative B

SRH Fernhochschule

Studiengang: M.Sc. Wirtschaftspsychologie, Leadership & Management

Inhaltsverzeichnis

Einleitung

„Bei allen Dingen liegt der letzte Maßstab für die Beurteilung nicht in den Handlungen selbst, sondern in den Motiven und Absichten der Handelnden. "[1]

Doch was sind Motive, und wer bewegt wen zum Handeln?

Die vorliegende Arbeit beschäftigt sich mit dem Thema Motivation am Arbeitsplatz. Speziell wird hierbei darauf eingegangen, inwieweit die verschiedenen Motivationsarten Menschen bewegen und was Machtmotive bei Führungskräften und deren Mitarbeitern auslösen.

Im ersten Schritt wird ein Überblick zu dem Thema Macht gegeben, woraufhin dann auf das deskriptive Modell des Machthandelns vorgestellt wird. Ausgehend von diesem Modell werden Rückschlüsse auf das Machtmotiv von Führungskräften und deren Führungsstil gezogen. Diese dienen als Grundlage für eine Diskussion über Herausforderungen beim Thema Führungskräfteentwicklung und den Umgang mit Mitarbeitern.

Das darauffolgende Kapitel beschäftigt sich mit der Frage, weshalb sich ein Mensch für eine bestimmte Alternative entscheidet. Als Basis für die Bearbeitung wird hier das Risiko-Wahl-Modell nach Atkinson gewählt und gleichzeitig mit dem sogenannten VIE-Modell nach Vroom verglichen.

Abschluss dieser Ausarbeitung wird die tiefergehende Analyse von extrinsischer und intrinsischer Motivation. Hieraus werden Vor- und Nachteile für variable Vergütungssysteme in Unternehmen abgeleitet, sowie Handlungsempfehlungen für Führungskräfte ausgesprochen, deren Mitarbeiter eine fehlende intrinsische Motivation zeigen.

Bearbeitung Aufgabe B1

Dieses Kapitel beschäftigt sich mit der Ausarbeitung zur Teilaufgabe B1, in der es speziell um das deskriptive Modell des Machthandelns gehen wird und welche Auswirkungen dies auf Führungskräfte haben kann. Folgend wird dann der Frage nachgegangen, inwieweit Herausforderungen für die Führungskräfteentwicklung sowie für die Mitarbeiter von machtmotivierten Führungspersonen entstehen.

Für die Bearbeitung dieser Aufgabe ist es im ersten Schritt notwendig, den Begriff der *Macht* zu definieren.

Max Weber definierte die Macht als „die Chance, innerhalb einer sozialen Beziehung den eigenen Willen auch gegen Widerstreben durchzusetzen, gleichviel worauf diese Chance

---

[1] Polybios (200 v.Chr.)

beruht."[2] Einer weiteren Definition zufolge „[bezieht sich Macht] auf Autorität oder Einflussnahme gegenüber anderen, die innerhalb eines Organisationsgefüges erlangt werden kann. Dies geschieht durch Innehaben eines Dienstgrades oder Ranges oder durch Persönlichkeit."[3] Aus diesen Definitionen abgeleitet kann die Macht als eine Art Kraft bzw. auch ein Kraftverhältnis innerhalb eines gesellschaftlichen Rahmens verstanden werden, in der „[...] jemand in der Lage sei, einen anderen zu veranlassen, etwas zu tun, was er sonst nicht tun würde."[4]

Ausgehend von diesem Kräfteverhältnis als Definition von Macht wird folgend auf das deskriptive Modell des Machthandelns von Cartwright und Kipnis eingegangen, welches in Abbildung 1 dargestellt wird. Dieses Modell beschreibt die einzelnen Schritte eines Machtzyklus, wobei hier immer die Interaktion zwischen einer Machtausübenden und seinem Gegenüber, gegen den die Macht ausgerichtet wird, betrachtet wird.

Zu Anfang ist es jedoch wichtig zu verstehen, welche Machtquellen ein Machtausübender besitzen kann und welche Motivation damit einhergeht. Für die Kategorisierung der Machtquellen wird auf die sogenannten *Bases of Power* nach French und Raven aus dem Jahre 1959 zurückgegriffen:

Die erste Machtquelle ist die **Belohnungsmacht**, bei der eine Abhängigkeit zwischen einer Erwartung zur Erfüllung von Motiven einer anderen Person gegenüber und dem Verhalten zu der jeweiligen Person besteht. Ein typisches Beispiel hierfür ist „[...] the addiciton of a piecework rate in a factory as an incentive to increase production."[5]

Eine weitere Quelle ist die **Bestrafungsmacht**. Diese lässt sich beobachten, wenn eine Person A Einfluss auf die Handlungsfreiheit einer weiteren Person B nimmt, in dem Person A mit Strafe droht, wenn Person B nicht in ihrem (Person A) Interesse handelt.

Die **legitimierte Macht** entsteht dadurch, dass Person A glaubt, Person B hätte aus bestimmten Gründen eine Macht über die Überwachung der Einhaltung gewisser Verhaltensnormen. Durch den Glauben von Person A gewinnt Person B an legitimierter Macht.

Die nächste Machtquelle ist die **Vorbildmacht**. Hierbei möchte Person A so sein wie Person B, was Person B demzufolge eine Vorbildmacht zuspricht.

Die **Expertenmacht** beschreibt das Machtverhältnis zwischen Person A und B, indem Person A besonderes Wissen oder Fertigkeiten hat, die Person B ihr in diesem Bereich zuschreibt.[6]

---

[2] *Mecke/Lin-Hi* (2018)
[3] *Campus Verlag* (n.b.)
[4] *Heckhausen* (1989), S.361
[5] *French/Raven* (1959), S.151

[6] Vgl. *French/Raven* (1959), S.151

Die letzte Macht ist die **Informationsmacht**, bei der Person A eine verhaltensändernde Information für Person B hat, die diese bis dato noch nicht kennt.[7]

Abgeleitet aus der Vorstellung der unterschiedlichen Machtquellen lässt sich sagen, dass eine machtausübende Person wissen muss, welcher Machtquelle sich diese bedient und inwieweit diese für die Zielerreichung eingesetzt werden soll. Gleichzeitig wird von Person A in Betracht gezogen, wie viel Spielraum diese hat, um Person B so zu beeinflussen, ohne Widerstand von Person B zu erfahren. Um den genauen Verlauf dieses Machtverhältnisses – und inwieweit es zur Zielerreichung der machthabenden Person kommt - zu beschreiben, wird Abbildung 1 verwendet. Dieser Zyklus wird in sieben Schritte eingeteilt, die nachfolgend erläutert werden.

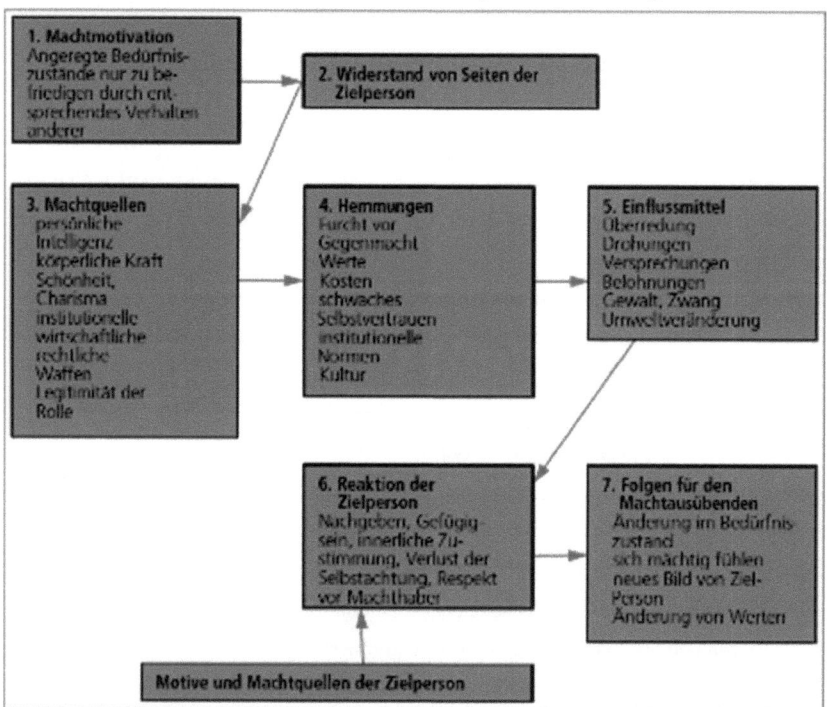

Abbildung 1: Der Machtzyklus[8]

Der erste Punkt beschreibt die Machtmotivation, die ein Machtausübender hat, um seine entsprechenden Bedürfnisse zu befriedigen und somit auf andere Personen Einfluss zu nehmen. Motivation wird hier definiert als „[...] alle Prozesse, die dazu führen, dass Aktivitäten starten (Initiierung), ein bestimmtes Ziel fokussieren (Richtungsgebung) und oft dauerhaft fortgeführt

---

[7] Vgl. *Welte-Bardtholdt* (2015), S.84
[8] Ebd. S.85

werden (Aufrechterhaltung)."[9] Hieraus lässt sich ableiten, dass der Machtausübende aus seiner Motivation heraus die nachfolgenden Schritte absolviert, wobei es zwei Möglichkeiten gibt. Kommt die Zielperson dem Wunsch des Machtausübenden nach, so endet der Zyklus bereits nach Schritt 1. Zeigt diese Person jedoch Widerstand (Schritt 2), so wird der Machtausübende sich im nächsten Schritt (Schritt 3) seiner möglichen Machtquellen bedienen. „Dies kann je nach dem situativen Kontext und den individuellen Verfügbarkeiten von körperlicher Kraft bis zu wirtschaftlichen Sanktionen reichen."[10] Hierbei wird zurückgegriffen auf die Vorstellung der sogenannten *bases of power* nach French und Raven. Abhängig von der gewählten Machtquelle des Machtmotivierten wird dann übergeleitet zu Schritt 4 – den Hemmungen. Diese zeigen sich dann, wenn der Machtausübende beispielsweise Angst vor der Gegenmacht des Anderen hat oder auch ein schwaches Selbstvertrauen aufweist. „Sofern [solche] Hemmungen nicht vorliegen oder überwunden wurden, werden verschiedene Einflussmittel [(Schritt 5)] benutzt."[11] Wie aus Abbildung 1 zu entnehmen, reichen diese Einflussmittel von Überredung bis hin zu Gewalt oder Drohungen. Die Wahl eines oder mehrerer Einflussmittel ist abhängig von verschiedenen Faktoren, wie zum Beispiel dem Widerstand der Zielperson oder auch die Situationswahrnehmung des Machtausübenden. Grundsätzlich kann jedoch gesagt werden, dass auf bereits gewohnte Routinen im Verhalten des Machtausübenden zurückgegriffen wird.[12] Nachdem der Machtausübende seine Einflussmittel genutzt hat, wird nun auf die Reaktion der Zielperson eingegangen, wobei auch diese von den eigenen Motiven und Machtquellen beeinflusst wird (Schritt 6). Die Reaktionen bei entsprechend erfolgreichem Machtausüben reichen von Zustimmung der Zielperson bis hin zu Verlust der eigenen Selbstachtung. Hierbei wird im Grundlegenden jedoch unterschieden zwischen einer äußerlichen Zustimmung bei innerlichem Groll der Zielperson oder einer innerlichen Zustimmung bei äußerlichem Groll. Gleichzeitig kann auch der Verlust der eigenen Selbstachtung oder auch der Zugewinn an Respekt gegenüber dem Machtausübenden verzeichnet werden.[13] Zum Abschluss dieses Modells wird in Schritt 7 auf die Folgen für den Machtausübenden eingegangen. „Wichtig ist das Gefühl von realisierter Kontrolle und mächtig und stark gewesen zu sein, machtvollkommen gehandelt und Eindruck bei anderen hinterlassen zu haben und schließlich einen Zuwachs an Selbstachtung, Ressourcen und Status gewonnen

---

[9] *Gerrig* (2018), S.450
[10] *Heckhausen* (2010), S.217
[11] *Heckhausen* (2010), S.218
[12] Vgl. Ebd.
[13] Vgl. *Heckhausen* (2010), S.218

6

zu haben."[14] Am Ende des Machtzyklus kann es demnach zu Änderungen im Bedürfniszustand des Machtausübenden kommen oder auch zu Änderungen von Werten.

Nachdem der Machtzyklus nach Cartwright und Kipnis erläutert wurde, wird der Frage nachgegangen, welche Auswirkungen ein ausgeprägtes Machtmotiv von Führungskräften auf den Führungsstil haben. Fodor et. al. zeigten durch wissenschaftliche Studien, dass „...[Hochmachtmotivierte sich] durch Schmeicheleien ihrer Mitarbeitenden in der Beurteilung von Arbeitsleistung beeinflussen [lassen]."[15] Auch würden diese Führungskräfte sich bei Gruppendiskussionen mit weniger Sachinformationen beteiligen und auch die eigenen Mitarbeiter bei Entscheidungsfragen unberücksichtigt lassen.[16] Gleichzeitig gehen mit einer machtmotivierten Führungskraft nicht ausschließlich negative Aspekte einher. „Charismatische Führergestalten mit großem Vorbildpotential, die ihre Vision zum Vorteil ihrer Untertanen einsetzen und sie zu neuen Ufern führen, sind solche Personen, die die positive Seite des Machtspektrums besitzen."[17] Hierzu gehören Verhaltensweisen wie beispielsweise Autorität, anerkannte Führung oder auch der Gruppenzusammenhalt.[18] Anhand dieser Aussagen lassen sich Rückschlüsse auf den Führungsstil von hochmachtmotivierten Führungskräften ziehen. In Anlehnung an die Führungsstile nach Goleman ließe sich somit sagen, dass eine stark machtmotivierte Art der Führung einen eher fordernden und befehlenden, sprich autoritären Führungsstil hervorbringt. Diese Führungsstile kennzeichnen sich durch eine klare Richtungsvorgabe (ohne Einbezug der Mitarbeiter) durch die Führungskraft und durch deren Motivation, herausfordernde Ziele zu erreichen.[19] Selbst unter Berücksichtigung der positiven Machtaspekte kann ein zu autoritärer, befehlender Führungsstil zu negativen Auswirkungen beitragen. Hieraus lassen sich zeitgleich auch Folgen für den Umgang mit den eigenen Mitarbeitern der machtmotivierten Führungskraft ableiten. Bedient sich eine machtmotivierte Führungskraft ausschließlich der eigenen Ideen und trifft auch alle Entscheidungen eigenständig – ohne Einbezug der eigenen Mitarbeiter – könnten sich die Mitarbeiter in ihrer eigenen Rolle nicht genug wertgeschätzt fühlen, was im weiteren Verlauf zu Unmut innerhalb eines Teams führen kann. Folglich kann auch die Kommunikation zwischen Mitarbeiter und Führungskraft unter einem sehr autoritären Führungsstil leiden, wenn diese stets nur von der eigenen Meinung überzeugt ist.

---

[14] Ebd.
[15] *Brandstätter et.al.* (2013), S.64 f.
[16] Vgl. Ebd. S.65
[17] *Heckhausen* (2010), S.212
[18] Vgl. Ebd.
[19] Vgl. *Welte-Bardtholdt* (2015), S.117

Diese Aspekte lassen auch die Führungskräfteentwicklung problematisch erscheinen. Bei einer stets machtmotivierten Führungskraft spricht man hierbei von stark ausgeprägten Furcht- oder Hoffnungskomponente. Die Furchtkomponente beschreibt hierbei die Furcht vor Kontrollverlust, die Hoffnungskomponente hingegen die Hoffnung auf Macht.[20] Ausgehend von einer solch machtmotivierten Führungskraft erscheint es schwierig, lässt sich zudem sagen, dass die beiden Komponenten führend sind, wenn es einerseits um das Feststellen des Führungsstils sind. Andererseits lassen sich auch hier wiederum Rückschlüsse auf die Mitarbeiter und den Umgang mit diesen ziehen, beziehungsweise die oben genannten Punkte nochmals bestätigen. Zusätzlich muss gesagt werden, dass auch die Führungskräfteentwicklung vor der Herausforderung steht, die Motive und das Führungsverhalten einer solchen Führungskraft zu definieren und zu schulen. Hierbei „[...] sollte ein besonderer Schwerpunkt auf die hemmenden Aspekte der Furcht vor Kontrollverlust und der Furcht vor Zurückweisung gelegt werden."[21] Wird eine Führungskraft sich nicht aktiv darüber im Klaren sein, dass die Furcht ein hemmender Faktor für die Führung ist, kann sich dies negativ auf das Führungsverhalten auswirken.[22] Auf Basis vorliegender Literatur lässt sich demnach sagen, dass eine machtmotivierte Führungskraft in ihrem Handeln stets von Furcht- und Hoffnungskomponenten getrieben ist. Dies wirkt sich in erster Linie auf den Führungsstil aus, der in solchen Fällen meist als autoritär, befehlend oder auch fordernd empfunden werden kann. Ein solcher Führungsstil kann innerhalb des Durchlaufens eines Machtzyklus demnach schnell negative Auswirkungen auf die eigenen Mitarbeiter haben. Ausgehend von einer autoritären Führungskraft wird beispielsweise der Wille durchgesetzt, ohne besondere Rücksicht auf den respektvollen Umgang der eigenen Mitarbeiter. Gleichzeitig wird man neben den Herausforderungen auf der Beziehungsebene zwischen Führungskraft und Mitarbeiter auch Schwierigkeiten in der Führungskräfteentwicklung erkennen. Stark machtmotivierte Führungskräfte mit innerer Überzeugung lassen sich schwer von den eigenen negativen Verhaltensmustern überzeugen und sind dann im gleichen Zuge dazu bereit, die Furcht vor Kontrollverlust loszulassen.

---

[20] Vgl. *Brandstätter* (2013), S.61
[21] *Furtner* (2012)
[22] Vgl. Ebd.

Bearbeitung Aufgabe B2

In dieser Teilaufgabe geht es um die Vorstellung und Abgrenzung des Risikowahlmodells nach Atkinson und dem VIE-Modell nach Vroom. Anschließend wird anhand des Risikowahlmodells erläutert, warum diese Alternative zur Bearbeitung gewählt wurde. Sowohl das Risikowahlmodell als auch das VIE-Modell gehören zu den sogenannten Wert-Erwartungs-Theorien, die „[...] Motivation als Produkt von Erwartungen und Werten [definieren]."[23]

Das Valenz-Instrumentalitäts-Erwartungs-Modell (VIE-Modell) besagt, „[...], dass Menschen die Alternativen wählen, die von hohem subjektiven Nutzen sind."[24] Dabei besteht die Motivation aus den drei Ausprägungen *Valenz*, sprich der Bewertung, der *Instrumentalität*, also der Wahrscheinlichkeit der Folgen und der *Ergebniserwartung*, auf die im Folgenden anhand einer Abbildung näher eingegangen wird.

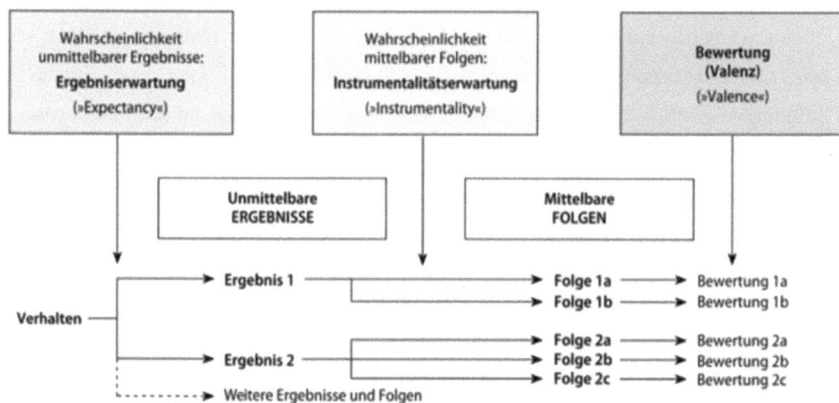

Abbildung 2: VIE-Modell nach Vroom angelehnt an Myers[25]

Die Ergebniserwartung betrachtet die Wahrscheinlichkeit, mit der ein unmittelbares Ergebnis infolge einer Aktivität eintritt. Nach Eintritt des Ergebnisses, kommt es zu einer Instrumentalitätserwartung, bei der die Wahrscheinlichkeit mittelbarer Folgen dieses Ergebnisses betrachtet werden. Hier geht es im Wesentlichen um die angestrebte Belohnung, die aus den Ergebnissen resultieren. Am Ende des Prozesses kommt es zur subjektiven

---

[23] *Online Lexikon für Psychologie und Pädagogik* (n.b.)
[24] *Bornemann* (2014)
[25] *Myers* (2014), S.789

Bewertung, der sogenannten Valenz, die auch als Anziehungskraft der Belohnung gesehen werden kann.[26]

Insgesamt lassen sich aus diesem Ansatz folgende Schlüsse ziehen. In diesem Prozess sind die beiden subjektiven Wahrscheinlichkeiten der Ergebniserwartung und der Instrumentalität ausschlaggebend. Ersteres beschreibt beispielsweise „[...] die Erwartung, dass sorgfältige Arbeit zu guter Qualität führt.“[27] Die Instrumentalitätswahrscheinlichkeit hingegen beschreibt, „[...], dass dieses Ergebnis mit weiteren Folgen verbunden ist.“[28]

Mathematisch lässt sich diese Wert-Erwartungs-Theorie wie folgt beschreiben.

Motivation als Produkt von Erwartungen und Werten:

$$\text{Motivation} = \sum(\text{Bewertung} \times \text{Instrumentalitätserwartung} \times \text{Erwartung}) = \sum(V \times 1 \times E)$$

Abbildung 3: Motivation als Formel[29]

Zusammenfassend kann gesagt werden, dass eine Person dem VIE-Modell zufolge den Prozess durch diese drei Faktoren durchläuft: Zuerst schätzt sie die Wahrscheinlichkeit ein, inwiefern ein bestimmtes Ereignis eintritt (Erwartung). Danach folgt die Wahrscheinlichkeit auf die mittelbaren Folgen (Instrumentalität). Im letzten Schritt der Bewertung geht es dann um die subjektive Bewertung und die Attraktivität der zu erlangenden Belohnung.

„Im Risikowahlmodell geht es um die Frage, für welchen Schwierigkeitsgrad sich ein Mensch bei der Lösung von Aufgaben entscheidet.“[30] Es gilt jedoch auch zu berücksichtigen, inwieweit „[...] das individuelle Leistungsmotiv, die subjektive Erwartung der Bewältigung der Aufgabe und [der] Anreiz der Aufgabe [hierbei eine Rolle spielen].“[31] Atkinson weist in seiner 1959 veröffentlichten Publikation auf diese drei Konstrukte genau hin: *motive*, *expectancy* und *incentive*, die jeweils in ihrer Ausprägung wie folgt eingeteilt werden. Bei dem individuellen Leistungsmotiv (*motive*) geht es um die Unterscheidung zwischen einem Erfolgs- und einem Misserfolgsmotiv, wobei das Erfolgsmotiv definiert wird als „[...] disposition to strive for a certain kind of satisfaction [...].“[32] Der Hauptaspekt beim Erfolgsmotiv ist das Streben nach Stolz und wird von Atkinson beschrieben als „[...] pride in accomplishment, or the sense of belonging and being warmly received by others, or the feeling of being in control or influential.“[33] Das Misserfolgsmotiv wird dabei wiederum als das Minimieren möglichen

---

[26] Vgl. *Myers* (2014), S.790
[27] Ebd.
[28] Ebd.
[29] *Welte-Bartholdt* (2015), S.58
[30] Ebd. S.121
[31] Ebd.
[32] *Atkinson* (1959), S.360
[33] Ebd.

Versagens gesehen.[34] Das nächste Konstrukt beschreibt „[...] die Erwartung, inwieweit man die Aufgabe bewältigen oder versagen wird."[35] Hierbei wird die subjektive Wahrscheinlichkeit betrachtet, inwieweit eine Person meint, die Aufgabe erfolgreich lösen zu können. Bezugnehmend auf den im Leistungsmotiv benannten Stolz wird hier zeitgleich deutlich, dass die Erwartung der Bewältigung einer Aufgabe einhergeht mit dem dritten Konstrukt: dem Anreiz (*incentive*). Der „Erfolg beim Lösen einer schwierigen Aufgabe besitzt einen höheren Anreiz als [der] Erfolg beim Lösen einer sehr leichten Aufgabe."[36] Innerhalb dieses Leistungsprozesses gibt es, wie eingangs kurz erwähnt, Erfolgs- und Misserfolgstendenzen, die wie folgt eingegrenzt werden: Es wird versucht, möglichst großen Erfolg anzustreben und andererseits Misserfolg zu vermeiden. Diese Motivationstendenz lässt sich anhand folgender Gleichung beschreiben:

„Motivationstendenz (T_r) = Erfolgstendenz (T_e) + Misserfolgserfolgstendenz (T_m)"[37]

Abgeleitet aus dem dritten Konstrukt kann dann mithilfe der folgenden Gesamtgleichung das Risikowahlmodell nach Atkinson beschrieben werden: „Die (Miss-)Erfolgstendenz ergibt sich aus der multiplikativen Verknüpfung des (Miss-) Erfolgsmotivs [(motive)], der (Miss-)Erfolgswahrscheinlichkeit [(expectancy)] und des (Miss-)Erfolgsanreizes [(incentive)]."[38] Auf die jeweiligen mathematischen Ausprägungen werden anhand eines realen Beispiels im Folgenden eingegangen.

Um nun das Risikowahlmodell nach Atkinson vom VIE-Modell nach Vroom abzugrenzen, lässt sich sagen, dass beide Theorien sich grundsätzlich unter den Wert-Erwartungs-Theorien klassifizieren lassen. Das VIE-Modell beschreibt die Entscheidung einer Person, sich für eine Handlungsalternative aus mehreren zu entscheiden, wobei die Belohnung am Ende als Motivation der entscheidende Faktor ist. Im Gegensatz hierzu geht es beim Risikowahlmodell nach Atkinson um die Frage, für welche Alternative sich eine Person entscheidet. Die Entscheidung der Person ist, anders als beim VIE-Modell, geprägt durch die Schwierigkeit der zu lösenden Aufgaben. Es geht um die Frage, wie die Leistungsmotivation die Wahl von Aufgaben unterschiedlicher Schwierigkeit beeinflusst.[39]

Anhand des dargestellten Risikowahlmodells soll nun erklärt werden, wieso ich mich bei der Wahl der Prüfungsaufgabe für die Bearbeitung der Aufgabe B entschieden habe.

---

[34] Vgl. Ebd.
[35] *Brandstätter et. al.* (2013), S.31
[36] Ebd. S.31
[37] Ebd. S.32
[38] Ebd.
[39] Vgl. *Welte-Bartholdt* (2015), S.58f.

Hierfür möchte ich gerne strukturiert auf die einzelnen Konstrukte des Risikowahlmodells eingehen. Wie bereits erklärt, ist das erste Konstrukt das individuelle Leistungsmotiv, wobei dies unterteilt wird in das Erfolgsmotiv und das Misserfolgsmotiv. Vor Einblick in die jeweils zur Verfügung gestellten Aufgaben, ging ich mit der Motivation heran, möglichst erfolgreich, sprich mit geringstem Misserfolg, dieses Fach abzuschließen. Die Motivation, eine Aufgabe zu wählen war demnach geprägt von erfolgreichem Bestehen. Nachdem mir dann alle Aufgaben zur Entscheidung vorlagen, überlegte ich unbewusst, mit welcher Wahrscheinlichkeit ich die jeweiligen Aufgaben erfolgreich lösen kann. Im gleichen Zuge überlegte ich persönlich aber auch, welche Aufgabe für mich den größten Anreiz hat, da ich nach Bearbeitung dieser Aufgabe einen möglichst hohen persönlichen Lernerfolg erzielen wollte. Der Erfolg beim Lösen einer subjektiv schwierigeren Aufgabe ist für mich reizvoller gewesen, als eine mir selbst als „einfach" erscheinende Aufgabe. Gleichzeitig sollte die Aufgabe aber auch machbar sein. Die beiden Konstrukte Erwartung und Anreiz weisen einen invers-linearen Zusammenhang auf, der hier mithilfe eines Diagramms verdeutlicht werden soll:

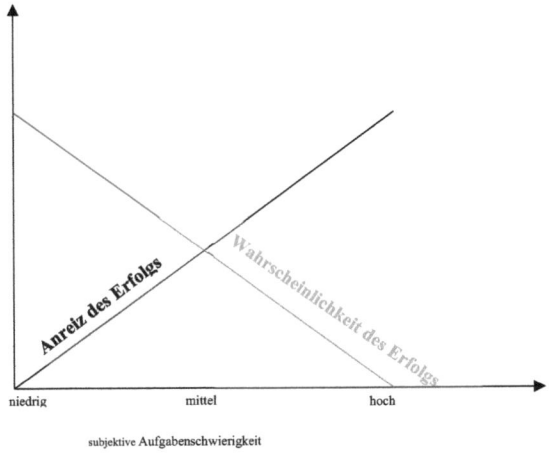

Abbildung 3: Eigene Abbildung

Anhand dieser Abbildung lässt sich ableiten, inwieweit die beiden Konstrukte Anreiz und Erwartung miteinander zusammenhängen. Bei einer sehr schweren Aufgabe, sprich einem Anreiz auf hohen Erfolg der damit automatisch verbunden ist (100%, beziehungsweise der Wert 1), ist die Wahrscheinlichkeit, dass ich diese Aufgabe schaffe entsprechend gering (Wahrscheinlichkeit = 0% beziehungsweise 0). Das bedeutet diese beiden Konstrukte

12

korrelieren entsprechend invers: Sinkt der Erfolgsparameter um einen Punkt, steigt die Wahrscheinlichkeit auf Erfolg um einen Punkt. Zur Verdeutlichung folgt eine Tabelle:

Anreiz	0	0,1	0,2	0,3	0,4	0,5	0,6	0,7	0,8	0,9	1
Erwartung	1	0,9	0,8	0,7	0,6	0,5	0,4	0,3	0,2	0,1	0
Motivation	0	0,09	0,16	0,21	0,24	0,25	0,24	0,21	0,16	0,09	0

Tabelle 1: Eigene Darstellung angelehnt an Abbildung 3

Die Motivation stellt in dieser Tabelle das Produkt der beiden Konstrukte Anreiz und Erwartung dar. Wie aus der Tabelle zu entnehmen, ist das höchste Produkt der möglichen Varianten exakt die Mitte, sprich der Wert 0,25. Dies scheint die beste Kombination dieser beider Konstrukte zu sein und weist schließlich auf die beste Alternative bei einer Entscheidung zwischen mehreren Aufgaben hin. Dieser Prozess bestand bei der Entscheidung zwischen Aufgaben jedoch nicht aus einer aktiven Berechnung meinerseits, sondern erwies sich als subjektive Wahrnehmung.

Anhand dieser drei Konstrukte lässt sich für mich sagen, dass ich unbewusst nach diesen drei Schritten meine Entscheidung traf. Zuerst einmal überflog ich die Aufgabenstellung, mit der vorherigen Absicht, die Aufgabe grundsätzlich erfolgreich zu lösen. Nachdem mir die Alternativen vorlagen, konnte ich in etwa inhaltlich abschätzen, wie hoch die jeweilige Wahrscheinlichkeit sein wird, die einzelnen Aufgaben zu bewältigen. Jedoch galt für mich auch der Grundsatz, dass ich Spaß an der Bearbeitung haben möchte (Anreiz) und damit auch ein hohes Lernerfolgserlebnis. Dieser Anreiz war für mich dadurch gegeben, dass ich mich seit einiger Zeit mit der Führungskräfteentwicklung auseinandersetze, was ebenfalls Thema meiner Bachelor-Thesis war. Da mich das Thema schon immer interessiert hat, freute ich mich besonders, dass eine der Aufgaben dieses Thema im weiteren Sinne umfasst. Die Erwartung, die Aufgabe mit sehr gutem Ergebnis abzuschließen, war im gleichen Zuge gegeben, da ich aus Erfahrung weiß, dass ich die Aufgaben erfolgreicher bearbeite, an denen ich Spaß und Interesse habe, also sprich intrinsisch heraus motiviert bin. Durch die Kombination aus einer für mich sehr reizvollen Aufgabe und der damit verbundenen hohen Wahrscheinlichkeit, diese Aufgabe erfolgreich zu lösen, entschied ich mich für die Bearbeitung der Alternative B.

Bearbeitung Aufgabe B3

Die letzte Teilaufgabe beschäftigt sich mit der genauen Betrachtung von extrinsischer und intrinsischer Motivation. Hierzu folgen im ersten Schritt die Begriffsdefinitionen.

Unter allgemeiner Motivation verstehen sich die Kräfte, die Menschen dazu bewegen, etwas zu tun, wobei diese Arten von Kräften entweder vom Menschen selbst oder von außen hervorgeht.[40] Die beide hier betrachteten Kraftarten lassen sich kategorisieren in intrinsische oder extrinsische Kräfte – oder auch intrinsische und extrinsische Motivation genannt. „Intrinsische Motivation bedeutet ein in der Person liegendes Interesse, Neugier oder Werte, die diese dazu bewegt etwas zu tun."[41] Wird von intrinsischer Motivation bei Mitarbeitern gesprochen, so stehen hierbei Schlagwörter wie die Selbstverwirklichung oder die Erkennung von Sinnhaftigkeit an der eigenen Arbeit an erster Stelle, sprich die Motivation von innen heraus. Extrinsische Motivation hingegen basiert auf den Faktoren, die von außen auf eine Person wirken oder auch eine Wirkung ausüben. Hierzu gehören beispielsweise, „[...] materielle Belohnung oder Bestrafung, Überwachung oder soziale Bewertungen [...]."[42] Diese Art von Motivation ist jedoch „[...] häufig abhängig von äußeren Steuerungsinstanzen und erlischt, wenn deren Kontrollinstrumente wegfallen."[43] Die extrinsische Motivation von Mitarbeitern kann gefördert werden von beispielsweise höherer Bezahlung oder mehr Lob und Anerkennung von außen.

Auf Basis der Unterscheidung zwischen intrinsischer und extrinsischer Motivation von Mitarbeitern sollen im Folgenden die Vor- und Nachteile variabler Vergütungssysteme diskutiert werden.

Zunächst einmal wird festgelegt, was unter einem variablen Vergütungssystem in Unternehmen verstanden wird. „Bei einer variablen Vergütung handelt es sich um den leistungsorientierten Einkommensanteil, den ein Mitarbeiter auf der Basis seiner eigenen Leistung/seiner eigenen Ergebnisse verdient [...]."[44] Zu diesem nicht fixen Einkommensteil gehören beispielsweise Prämien, Zulagen, Boni oder auch Tantiemen.[45] Die Höhe dieses Einkommensteils ist, „[...] i.d.R. an bestimmte, vorab festgelegte Leistungs- oder Erfolgsgrößen [gekoppelt]."[46]

---

[40] *Brandstätter et.al.* (2013), S. 91
[41] Ebd.
[42] Ebd.
[43] Ebd.
[44] *Kieser* (n.b.)
[45] Vgl. *Wolf* (n.b.)
[46] *Becker und Kramarsch* (2006), S. n.b.

Auf Basis dieser Definition der variablen Vergütung wird nun auf die jeweiligen Vor- und Nachteile des variablen Vergütungssystems in Unternehmen eingegangen. In diesem Zuge ist zu betonen, dass ein variables Vergütungssystem dort sinnvoll ist, „[...] wo Mitarbeiter Leistung erbringen und mithelfen, Unternehmensziele zu erreichen."[47] Für diese Arbeit wird demnach festgelegt, dass das variable Vergütungssystem für einen Vertriebs- oder auch Außendienstmitarbeiter betrachtet wird, immer unter Berücksichtigung der wissenschaftlichen Leistungsmotivationsforschung.

Bezugnehmend auf Bernard lassen sich Funktionen von Leistungsvergütung wie folgt aufteilen: Motivations-, Selektions-, Zielorientierungs-, Anerkennungs- und Fairnessfunktion. Anhand dieser Funktionen sollen die Vor- und Nachteile des variablen Vergütungssystems abgeleitet werden.

Motivationsfunktion: Diese Funktion lässt sich als klassische Leistungsmotivation definieren. Mitarbeiter A, der mehr Leistung erbringt als Mitarbeiter B, wird mit höherem Gehalt entlohnt. Dies fördert in diesem Zuge die Motivation, „mehr" zu leisten. Gleichzeitig jedoch könnte von einer Bestrafung von den Mitarbeitern gesprochen werden, die ausschließlich das vorgegebene Minimum leisten, und somit lediglich ihr Grundgehalt beziehen.[48]

Selektionsfunktion: Die Selektionsfunktion spielt eine wesentliche Rolle beim Prozess der Personalauswahl. Bernard beschreibt diese Funktion als eine Art Vorauswahl, bei der sich automatisch nur potenzielle Mitarbeiter bewerben, für die die variable Vergütung einen großen Anreiz darstellt. Dort, wo das Fixum sinngemäß also am höchsten ist, bewerben sich laut Bernard auch Mitarbeiter, die teilweise die notwendigen Qualifikationen nicht aufweisen. Sprich ein weiterer Vorteil eines variablen Vergütungssystem ist die quasi automatische Vorauswahl im Bewerbungsprozess.[49]

Zielorientierungsfunktion: Bei dieser Funktion gibt es zwei verschiedene Perspektiven, aus denen auf die Leistungsvergütung eingegangen wird. Die erste Perspektive ist die der Mitarbeiter. Wird die Leistungsvergütung an Zielvorgaben gekoppelt, so wird dem Mitarbeiter eine genaue Handlungsorientierung gegeben, welche quantitativen und qualitativen Ziele erreicht werden sollen. „Die Koppelung der Zielvorgaben an einen variablen finanziellen Anreiz, erhöht jedoch den formalen Charakter dieser Ziele und unterstützt die konsequente Umsetzung der Zielvereinbarungsgespräche."[50] Gleichzeitig gilt für die Perspektive der Unternehmen, dass sie die „[...Leistungsvergütung als Instrument nutzt], das die Handlungen

---

[47] *Kieser* (n.b.)
[48] Vgl. *Bernard* (2006), S.36
[49] Vgl. Ebd. S.37 f.
[50] *Bernard* (2006), S. 41

der Mitarbeiter im Sinne der operativen und strategischen Ziele steuert."[51] Auch hier wiederum lassen sich sowohl für das Unternehmen als auch für die Mitarbeiter Vorteile eines variablen Vergütungssystems ableiten. Die genau definierte klare Struktur von Zielvereinbarungen bietet dem Mitarbeiter auf der einen Seite eine Richtung mit verschieden ausgeprägten Handlungsoptionen, auf der anderen Seite unterstützt sie das Unternehmen in Bezug auf Steuerung der Unternehmensziele.

Anerkennungsfunktion: „Durch die formale Bindung von Zielgrößen an variable finanzielle Anreize erhält der Mitarbeiter in einem regelmäßigen Turnus Feedback zu seiner persönlichen Leistung."[52] Dies bedeutet, dass ein vergleichsweise höherer variabler Anteil zu einem Anstieg zu einer Anerkennung für bessere Leistung führt. Diese Art von Feedback kann einen Mitarbeiter ebenfalls motivieren, (weiterhin) beste Leitungen zu erbringen. „Dies entspricht einem psychologischen Bedürfnis des Menschen nach sozialem Status und hat in der Folge auch einen positiven Einfluss auf die Motivation."[53]

Fairnessfunktion: Die letzte Funktion ist die Fairnessfunktion, die die variable Vergütung als solches wie folgt beurteilt. In der Literatur herrscht hierzu, laut Bernard, stets eine einheitliche Meinung über die Bestimmung von Lohngerechtigkeit. Dabei geht es um die Aspekte der Anforderungsgerechtigkeit, Leistungsgerechtigkeit, Soziale Gerechtigkeit, Marktgerechtigkeit und Erfolgsgerechtigkeit. Beispielsweise soll die Vergütung den Anforderungen der Stelle im Unternehmen entsprechen, wobei gleichzeitig auch die persönliche Leistung in den Vordergrund gebracht werden soll. Es geht letztlich darum, ein faires System zu schaffen, in dem sich Mitarbeiter, die mehr Leistung erbringen entsprechend entlohnt werden, als Mitarbeiter, die weniger Leistung erbringen. Inwieweit dies jedoch die psychosoziale Ausrichtung der Mitarbeiter im Team beeinflusst, wird hier nicht weiter behandelt.

All diese Funktionen deuten im weitesten Sinne auf eine extrinsische Motivation der Mitarbeiter hin. Sie nehmen damit Bezug auf die Motivation: ein Mitarbeiter kann ein höheres Gehalt bekommen, wenn dieser entsprechende Leistungen erbringt. Folglich wird hier zu dem Schluss gekommen, dass ein variables Vergütungssystem stets einen hohen, wenn nicht sogar fast ausschließlichen, Einfluss auf die extrinsische Motivation (mehr Gehalt) hat bzw. prägend für diese ist.

„Werden Menschen, die bei einer Tätigkeit intrinsisch motiviert waren, anschließend extern belohnt, sinkt die Wahrscheinlichkeit, dass sich diese Person wieder aus freien Stücken

---

[51] Ebd.
[52] Ebd.
[53] Ebd. S.42

langfristig in dieser Tätigkeit engagiert."[54] Dieser soeben beschriebene Korrumpierungseffekt weist hierbei auf ein Problem hin: wird ein Mensch demnach für gute Leistungen belohnt, findet ein Wechsel von der intrinsischen zu extrinsischer Motivation statt.[55] Auf den Punkt gebracht bedeutet dies, dass die intrinsische Motivation nach und nach schwindet, was für Führungskräfte ein erhebliches Problem in Bezug auf ihre Mitarbeiter darstellen kann. Im Folgenden wird daher auf mögliche Handlungsempfehlungen für Führungskräfte für Mitarbeiter mit fehlender intrinsischer Motivation eingegangen.

Als Voraussetzung von intrinsischer Motivation müssen nach Deci und Ryan (2000) drei psychologische Basisbedürfnisse bereits vorhanden sein. Diese Theorie („basic psychological need theory") wird eingeteilt in die Bedürfnisse der Autonomie, Kompetenz und sozialen Eingebundenheit.[56] Sind diese Bedürfnisse befriedigt, so resultiere daraus „[...] intrinsische Motivation, Wohlbefinden und [persönliches] Wachstum."[57] Das Autonomie-Bedürfnis charakterisiert das Bedürfnis, „[...] sich selbst als Verursacher der eigenen Handlungen zu erleben[...] und über sich selbst zu bestimmen."[58] Bei der Kompetenz geht es darum, sich selbst als kompetent und effektiv beim Vollzug von Taten zu erleben.[59] Das letzte Bedürfnis der sozialen Eingebundenheit beschreibt „[...] das Bedürfnis, sich anderen Personen oder Gruppen zugehörig und verbunden zu erleben."[60] Gleichzeitig herrscht nach Herzberg u.a. (1959) die sogenannte Zwei-Faktoren-Theorie im Arbeits- und Berufsleben, die aus den Kontent- sowie Kontextfaktoren besteht. Kontentfaktoren, die direkt mit dem Inhalt der Arbeit verknüpft sind, kennzeichnen sich durch „[...] die Tätigkeit selbst, die Möglichkeit, etwas zu leisten und sich weiterzuentwickeln, Verantwortung und Aufstiegsmöglichkeiten sowie Anerkennung."[61] Diese Faktoren sind nach Herzberg dafür verantwortlich, dass die Mitarbeiter zufrieden sind und entsprechend Leistung erbringen. Kontextfaktoren hingegen beziehen sich auf die „[...] Gestaltung der äußeren Arbeitsbedingungen, Beziehungen zu Arbeitskollegen und Vorgesetzten, die Firmenpolitik und Administration, Vergütung und Sozialleistungen, sowie die Krisensicherheit des Arbeitsplatzes."[62] Nach Herzberg wurde in diesem Zusammenhang für Unternehmen festgestellt, dass die Motivation der Mitarbeiter durch unterschiedliche Konzepte erhöht werden kann, auf die im Folgenden eingegangen wird.

---

[54] *Welte-Bartholdt* (2015), S.107 f.
[55] Vgl. Ebd. S.108
[56] Vgl. *Brandstetter et.al.* (2013), S.93
[57] Vgl. Ebd. S.94
[58] Vgl. Ebd. S.93
[59] Ebd. S.94
[60] Vgl. Ebd.
[61] *Welte-Bartholdt* (2015), S.115
[62] Ebd.

Das Job Enlargement beschreibt das Konzept der horizontalen Aufgabenerweiterung. Das bedeutet, dass das Aufgabenfeld eines Mitarbeiters auf gleicher Ebene durch neue Aufgaben erweitert wird. Unter Berücksichtigung der motivationalen Faktoren von Deci und Ryan lässt sich mit dieser Erweiterung folgendes festhalten: Das Autonomie-Bedürfnis wird hier sichergestellt, indem der Mitarbeiter sich selbst als eigenverantwortlicher Verursacher der Aufgabenbewältigung sieht. Im Sinne des Kompetenz-Bedürfnisses wird kurzfristig erreicht, dass der Mitarbeiter durch neue Aufgaben eine höhere Kompetenz erlangt und ihn dies zufriedenstellt. Diese beiden Bedürfnisse können jedoch nur kurzfristigen Erfolg im Sinne einer erhöhten intrinsischen Motivation bringen. Bei einer Erweiterung der Aufgaben auf horizontaler Ebene kann nämlich nach einer gewissen Zeit nicht mehr übernommen werden, als dass der Mitarbeiter zu viele Aufgaben gleichzeitig hat. Das letzte Bedürfnis der sozialen Eingebundenheit wird durch das Job Enlargement wenig bis kaum angesprochen. Ausgehend davon, dass der Mitarbeiter mit neuen Aufgaben von seiner Gruppe beispielsweise räumlich getrennt wird und damit weniger Kontakt zu seinem Team hat, wird das Konzept der sozialen Eingebundenheit gestört.

Die Job Rotation beschreibt das Konzept der Übernahme von Teiltätigkeiten im wechselnden Zyklus. Die Mitarbeiter rotieren also sinngemäß in ihren Aufgaben und übernehmen in einem vorgegebenen Zyklus verschiedene einfachere Aufgaben. Beim Autonomie-Bedürfnis kann für die Job Rotation demnach abgeleitet werden, dass der Mitarbeiter hierbei wenig Autonomie an den Tag legen kann. Ausgehend davon, dass dem Mitarbeiter vorgegebene Aufgaben für bestimmte Tage oder Zeiten vorgegeben wird, schwindet das Gefühl von autonomen Arbeiten. Es kann gesagt werden, dass der Mitarbeiter beim Kompetenz-Bedürfnis mehr Kompetenz erlangt, indem er für mehrere kleinere Aufgaben qualifiziert ist und somit einsetzbar ist. Die soziale Eingebundenheit kann hier jedoch etwas mehr Zuspruch gewinnen. Wie bereits beschrieben, kann das Team also innerhalb der Job Rotation mehrere Aufgaben übernehmen und auf Mitarbeiter aufteilen. Dies stärkt den Teamzusammenhalt und das Zugehörigkeits- und Verantwortungsgefühl.

Das letzte Konzept ist das Job Enrichment, bei dem es darum geht, eine vertikale Aufgabenerweiterung zu erreichen. Dies führt dazu, den Mitarbeiter stets zu entwickeln und ihm auch Chancen für weiterführende Aufgaben zu geben. Das Autonomie-Bedürfnis kann hiernach so klassifiziert werden, dass der Mitarbeiter das Gefühl hat, durch entsprechende Weiterentwicklungen mehr Verantwortung übernehmen zu können. Weiterhin ist das Kompetenz-Bedürfnis sehr ausgeprägt: Der Mitarbeiter erlangt durch verantwortungsvollere Aufgaben mehr Kompetenz und nach einer gewissen Zeit eine höhere Effektivität. Die soziale

Eingebundenheit bleibt auch hier eher außen vor. Es besteht die Möglichkeit, dass der Mitarbeiter durch die Übernahme verantwortungsvollere Aufgaben sich der Gruppe beziehungsweise seinem Team entziehen muss, um die neuen Aufgaben entsprechend bewältigen zu können. Immer häufigere Meetings auf höherer oder auch Führungs-Ebene beispielsweise können hier dafür sorgen, dass der Mitarbeiter nicht mehr das Gefühl hat, aktiver Part des Teams zu sein.

Die oben vorgestellten Konzepte sind jedoch sehr differenziert zu betrachten. Nicht für jedes Unternehmen treffen die genannten Aussagen zu, denn unterschiedliche Branchen unterliegen entsprechend unterschiedlichen Profilen von Mitarbeitern und damit verbundenen Job-Konzepten. Selbstverständlich können Führungskräfte, die die eigenen Stärken und Schwächen ihrer Mitarbeiter kennen, mit Hilfe der oben vorgestellten Konzepte eine Erhöhung intrinsischer Motivation erreichen.

Dem Autor Csikszentmihalyi zufolge, ist es wichtig, innerhalb der Handlung vollständig aufzugehen. Wenn dies passiert, spricht er von einem „Flow"-Erlebnis. Unberücksichtigt hierbei ist jedoch, ob es sich um Handlungen im Berufs- oder auch Privatleben handelt. Er beschreibt Flow wie folgt: „You are so involved in what you're doing you aren't thinking about yourself as separate from the immediate activity. You're no longer a participant observer, only a participant. You're motiving in harmony with something else you're part of."[63] Ableitend kann gesagt werden, dass dies als das Aufgehen in einer Tätigkeit gesehen werden kann, ohne dass die Person währenddessen eine starke Kapazitätsauslastung spürt, sondern sich eher als Teil dieser Tätigkeit sieht.[64]

Doch was führt letztendlich zu einer Erhöhung von intrinsischer Motivation bei Mitarbeitern? Hierzu lassen sich die oben genannten Faktoren miteinander verknüpfen, da sich für diese Problemstellung eine eindeutige und allgemeingültige Antwort nur sehr schwer geben lässt. Eine Kombination aus den oben genannten Konzepten kann unter Umständen – bei passenden Unternehmen und ihren Mitarbeitern – zu einer Erhöhung der intrinsischen Motivation führen. Des Weiteren lassen sich in der Literatur weitere Ansätze finden. Zusammenfassend lässt sich sagen, dass es wichtig ist, eine Sinnhaftigkeit zu schaffen. Die Führungskraft sollte sich demnach bemühen, ein grundlegendes Verständnis für den Mitarbeiter zu schaffen, indem er kommuniziert und aufzeigt, dass die Aufgaben des Mitarbeiters zum großen Ganzen beitragen und er ein wichtiger Teil hiervon ist.[65] Weitere wichtige Punkte sind Anerkennung und

---

[63] *Csikszentmihalyi* (1975), S.86
[64] Vgl.*Welte-Bartholdt* (2015), S.110
[65] *Impulse.* (n.b.)

19

Weiterentwicklung. Fühlt sich ein Mitarbeiter verstanden und werden seitens der Führungskraft auch auf die Karrierebedürfnisse des Mitarbeiters Rücksicht genommen, kann dies zu erhöhter intrinsischer Motivation führen.[66]

Zusammenfassend lässt sich für diese Problemstellung festhalten, dass es nicht das eine Erfolgsrezept gibt, wenn es darum geht, intrinsische Motivation bei Mitarbeitern zu fördern. Ansätze liefern hierzu aber Autoren wie Csikszentmihalyi oder auch Herzberg mit seinem Konzept des Job Enrichments. Dem Mitarbeiter Raum zu schaffen für Csikszentmihalyis Flow und gleichzeitig eine Sinnhaftigkeit vermitteln scheint jedoch übergreifend wirksam. Zwanghafte Versuche, dem Mitarbeiter etwas aufzudrängen können dagegen ebenfalls scheitern, weshalb es auch an dieser Stelle sinnvoll erscheint, den Mitarbeiter in das Geschehen mit einzubeziehen und auf dieser Basis seine Trigger intrinsischer Motivation festzustellen und entsprechend zu fördern.

---

[66] Vgl.Ebd.

Literatur- und Quellenverzeichnis

Atkinson, J.W. (1959), Motivational Determinants of Risk-Taking Behavior, Michigan.
In:https://static1.squarespace.com/static/57309137ab48de6f423b3eec/t/588a1a9846c3c4746d
0816d6/1485445785596/Atkinson1957.pdf
abgerufen am 15. September 2020.

Becker und Kramarsch (2006), Leistungs- und erfolgsorientierte Vergütung für Führungskräfte, Göttingen.

Bernard, U. (2006), Leistungsvergütung, 1.Auflage, Zürich.

Bornemann, S. (2014), VIE-Theorie: Valent, Instrumentalität, Erwartung.
In: https://lead-conduct.de/2014/02/23/vie-theorie/
abgerufen am 24. Juli

Brandstätter et.al. (2013), Motivation und Emotion Allgemeine Psychologie für Bachelor, Berlin.

Campus Verlag (n.b.), Macht. In: https://www.onpulson.de/lexikon/macht/, abgerufen am 22. Juli 2020.

Csikszentmihalyi, M. (1975), Beyond boredom and anxiety. Jossey-Bass, San Francisco.

French, J.R.P. und Raven, B.H. (1959), The basis of social power.
In: https://www.researchgate.net/publication/215915730_The_bases_of_social_power
abgerufen am 25. Juli 2020.

Furtner, M. (2012), Wie beeinflussen Motive das Führungsverhalten? Journal Psychologie des Alltaghandelns.
In:http://www.allgemeine-
psychologie.info/cms/images/stories/allgpsy_journal/Vol%205%20No%202/Furtner.pdf
abgerufen am 25. August 2020.

Gerrig, R.J. und Zimbardo, P.G. (2018), Motivationen und Emotionen in: Psychologie, Hallbergmoos.

Heckhausen, J. und Heckhausen, H. (2010), Motivation und Handeln, 4. Auflage, Heidelberg.

Heckhausen, H. (1989), Machtmotivation in: Motivation und Handeln, Heidelberg.

Kieser, H.-P. (n.b.), Variable Vergütung.
In: https://www.brainguide.de/Variable-Verguetung/_c
abgerufen am 22.Septeber 2020

Lin-Hi, N. (2018), Macht.
In: https://wirtschaftslexikon.gabler.de/definition/macht-40211
abgerufen am 22. Juli 2020.

Myers, D.G. (2014), Psychologie, 3. Auflage, Holland.

Online Lexikon für Psychologie und Pädagogik (n.b.), Wert-Erwartungs-Theorie.
In: https://lexikon.stangl.eu/4634/wert-erwartungs-theorie/
abgerufen am 24. Juli

Polybios (200 vor Christus), Zitat zum Thema Motivation.
In: https://www.aphorismen.de/zitat/28110
abgerufen am 13. Juli 2020.

Welte-Bertdholdt, C. (2015), Motivation und Volition, 1. Auflage, Studienbrief der SRH Fernhochschule, Riedlingen.

Wolf, G. (n.b.), Variable Vergütung.
In: https://www.brainguide.de/Variable-Verguetung/_c
abgerufen am 22. September 2020

Impulse. (n.b), Was Sie tun sollten, damit Ihre Leute für den Job brennen. In:https://www.impulse.de/management/personalfuehrung/intrinsische-motivation/2461754.html

abgerufen am 27.09.2020